Einen besonderen Dank den Sponsoren,

die bei der Aktion „Spaß auf der Straß': Mit Sicherheit!"
die Kinder in Darmstadt mit diesen Büchern unterstützt haben.
Vielen Dank!

folgend die Sponsoren; alphabetisch geordnet

Allfinanz Deutsche Vermögensberatung - Direktion Steffen Bungert
Frankfurter Landstr. 87- 89, 64291 Darmstadt

Architekturbüro Monika Schneider
Carl-Ulrich-Str. 1A, 64297 Darmstadt

Arztpraxis Dr. Detlev Steininger
Heidelberger Landstr. 176, 64297 Darmstadt

Auto Primus GmbH & Co. KG
Gräfenhäuser Str. 75, 64293 Darmstadt

Continentale - Versicherungsbüro Christian Link
Frankfurter Landstr. 155, 64291 Darmstadt

Dautermann Systems - Inh. Knut Dautermann
Elisabethenstr. 70, 64283 Darmstadt

DSSD Darmstädter Sicherheitsdienste GmbH
Otto-Röhm-Str. 57, 64293 Darmstadt, Tel. 06151/860640, www.dssd-darmstadt.de

Fahrschule Schuchhardt
Rheinstr. 24, 64283 Darmstadt, Tel. 06151/21615, www.fahrschule-schuchhardt

ESPRESSO & CO
ferrarese Inhaber Nigro & Feucht
Heinrichstr. 168, 64283 Darmstadt, Tel. 06151/47930, Fax 06151/47284,
www.espresso-ferrarese.de, E-Mail: info@espresso-ferrarese.de

Generalagentur der ERGO Lebensversicherungs AG
Büdinger Str. 10, 64289 Darmstadt

Heizung, Sanitär, Bauspenglerei-Becker Horst GmbH
Ludwigshöhstr. 21, 64285 Darmstadt, www.becker-shk.de

Henschel & Ropertz Darmstadt GmbH
Marktplatz 2, 64283 Darmstadt

Ingenieursozietät Prof. Dr. Rolf Katzenbach
Robert-Bosch-Str. 9, 64293 Darmstadt

Internistin & Psychotherapeutin Frau Dr. Elke Magnus
Ohlystr. 42, 64285 Darmstadt

Karrer und Müller Steuerbüro
Donnersbergring 42, 64295 Darmstadt

Kraemer Elektronik GmbH
Röntgenstr. 68-72, 64291 Darmstadt

Lucullus Backen & Genießen GmbH & Co. KG
Industriestr. 12a, 64297 Darmstadt

Metzgerei Kübler
Bessunger Str. 68, 64285 Darmstadt

Mezzo Restaurant & Bar
Pallaswiesenstr. 19, 64293 Darmstadt, Tel. 06151/295938

Pflege- und Therapiezentrum Volpp
Neckarstr. 12 -16, 64283 Darmstadt

Restaurant Khan Der mongolische Grill
Goebelstr. 21, 64293 Darmstadt, Tel. 06151/8003033 Fax 06151/8003292

Schenck Process GmbH
Pallaswiesenstr. 100, 64293 Darmstadt

Shell Station Thilo Falk GmbH
Walther-Rathenau-Str. 1, 64297 Darmstadt

Stress & Strength GmbH - Software zur Struktur- und Systemanalyse
Bartningstr. 47, 64289 Darmstadt, Tel. 06151/967310, www.s-and-s.de

TSR Recycling GmbH & Co. KG
Otto-Röhm-Str. 57, 64293 Darmstadt, Tel. 06151/9804-0 Fax: 06151/980444 oder 980499

UTILITAS Forschung für Marketing & Management GmbH
Gropiusweg 1, 64289 Darmstadt, Tel. 06151/604060, www.utilitas.de

W. & L. Jordan GmbH Niederlassung Darmstadt
Gräfenhäuser Str. 69, 64293 Darmstadt, Tel. 06151/6105-0,
www.joka.de, E-Mail: darmstadt@joka.de

Straßengeschichten mit Moritz und Luise

Die beiden Freunde nehmen dich mit
und zeigen dir, wie man sich auf der Straße richtig verhält.

Das lernst du in diesem Buch:

Sehen und gesehen werden
Helle Kleidung ist wichtig, um auf der Straße gesehen zu werden.

Der schnellste Weg ist nicht immer der sicherste
Ein Radweg ist eine gefährliche Abkürzung für Fußgänger.

Ein Ball rollt auf die Straße
An der Bordsteinkante heißt es HALT.

Sicher über den Zebrastreifen
Mit Handzeichen kommen die Kinder sicher auf die andere Straßenseite.

Vorsicht auch bei grüner Ampel
Was passieren kann, wenn Fußgänger und Autofahrer gleichzeitig Grün haben.

Keine Ampel in Sicht
Wie die Kinder zwischen parkenden Autos sicher die Straße überqueren.

Nicht so schnell!
Wer richtig hinschaut und sich Zeit nimmt, kann Gefahren vermeiden.

Das gefährliche Versteck
Auch beim Spielen muss man auf den Verkehr achten.

Was bedeuten diese Schilder?
Moritz und Luise erklären wichtige Verkehrszeichen.

Ein Verkehrspolizist gibt Zeichen
Stehen oder Gehen – der Polizist zeigt, was zu tun ist.

Verlaufen!
Wie man sich richtig verhält, wenn man sich verlaufen hat.

Viel erlebt und viel gelernt
Na so was, hier verhalten sich viele Menschen falsch. Findest du die Fehler?

Schnellstart in die Woche
Richtiges Verhalten auf dem Weg zur Schule ... und zum Kindergarten.

Was funkelt denn da?
Sicherheit an erster Stelle: Richtig gerüstet unterwegs.

Ein Ausflug auf Rollen und Rädern
Bremsen: Übung macht den Meister.

Das Schlangenstraßenwürfelspiel
Wer gewinnt?

Viel Spaß!

Sehen und gesehen werden

Moritz und Luise sind richtig gute Freunde. Die beiden wohnen in einem dreistöckigen Haus in einer ruhigen Straße. Vormittags geht Luise in die Schule und Moritz in den Kindergarten. Sie spielen fast jeden Nachmittag zusammen und haben schon viele Abenteuer erlebt. Moritz ist fünf Jahre alt und ziemlich dünn, obwohl er gerne und viel isst. Luise ist sieben Jahre alt und nicht besonders groß. Das stört sie aber nicht weiter. Schließlich hat sie noch genügend Zeit zum Wachsen.

Hier siehst du helle und dunkle Kleidung.
Welche würdest du auf der Straße anziehen,
um wirklich gesehen zu werden?

Die beiden freuen sich auf das Wochenende. Sie wollen am liebsten die ganze Zeit draußen sein, um auf dem Bürgersteig, auf dem Spielplatz oder im Park zu spielen.
Bevor es losgeht, zieht Luise noch ihre hellblaue Jacke und Moritz sein weißes T-Shirt an.
Helle Kleidung ist wichtig, um auf der Straße gesehen zu werden!

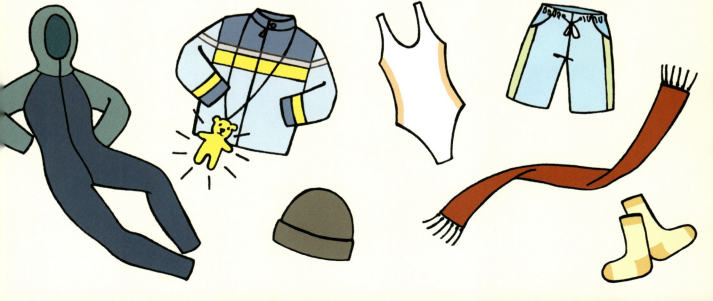

Der schnellste Weg ist nicht immer der sicherste

Es ist Samstagmorgen um halb acht. Luise sitzt auf den Treppenstufen und wartet auf Moritz. Sie wollen zusammen Brötchen kaufen gehen.

Endlich kommt Moritz. „Na, wie wär's mit einem kleinen Wettlauf?", fragt er. Meistens rennen die beiden bis zum Bäcker. Luise möchte heute aber lieber auf einem Bein hüpfen. Natürlich auch um die Wette.

Die Bäckerei liegt auf ihrer Straßenseite, nur ein paar Häuser entfernt. Moritz und Luise stellen sich nebeneinander und rufen: „Los geht's!" Sie hüpfen einbeinig und sind so sehr bei der Sache, dass sie die Baustelle auf dem Bürgersteig fast übersehen. Es ist nur eine kleine Baugrube, die aber den halben Gehweg und auch einen Teil des Radwegs versperrt. Sie ist mit rot-weiß gestreiftem Band ringsherum gesichert.

Luise ist froh, dass sie nicht gestolpert und in die Grube gefallen ist.

Ob man die Baustelle auch im Dunkeln sehen kann? Luise bleibt auf dem Bürgersteig stehen und guckt sich die Baustelle genau an.

Ja, an den dünnen Eisenstangen sind gelbe Lampen angebracht.

Moritz denkt nur ans Hüpfen. Er schaut sich überhaupt nicht um, ob ein Radfahrer kommt. Er sieht die Baustelle, dann entscheidet er sich, den kürzeren, schnelleren Weg über den Radweg zu nehmen und hüpft dort weiter. Obwohl er doch nur auf dem Bürgersteig hätte gehen dürfen. In diesem Moment klingelt hinter Moritz ein Radfahrer und ruft: „Vorsicht! Das ist ein Radweg!" Zum Glück reagiert Moritz schnell und springt sofort auf den Gehweg zurück. So muss der Radfahrer nicht einmal bremsen und kann einfach weiterradeln.

Während Moritz verdutzt stehen bleibt, hüpft Luise schnell weiter bis zum Bäcker.

An der Ladentür angekommen, ruft sie fröhlich: „Gewonnen!"

Moritz kommt hinterher und ist froh, dass ihm nichts passiert ist.

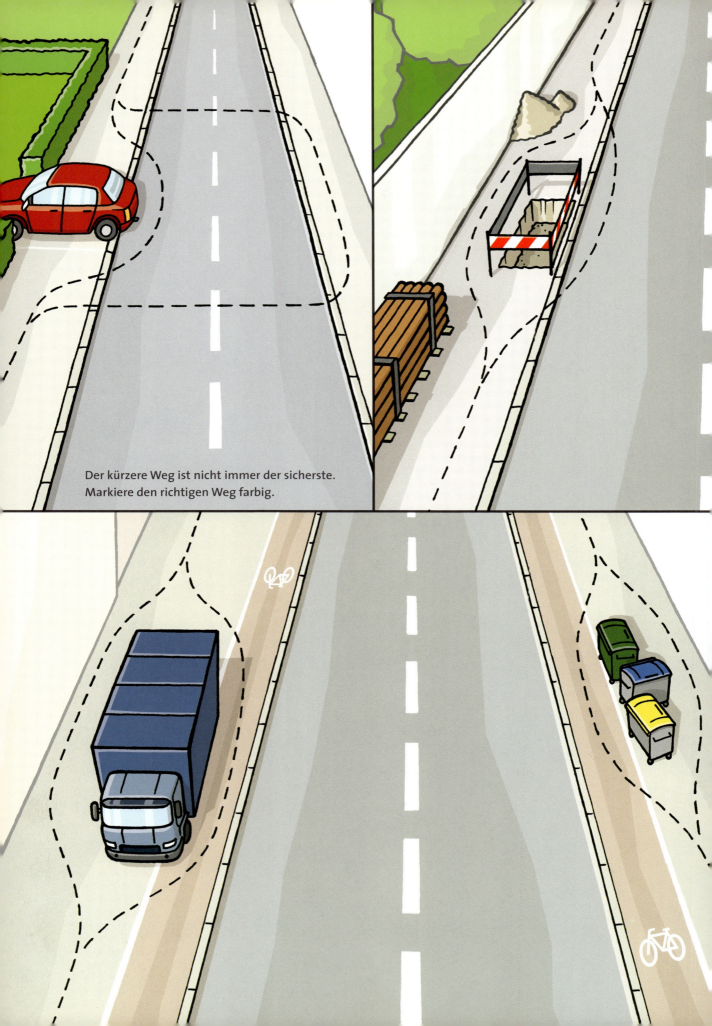

Der kürzere Weg ist nicht immer der sicherste.
Markiere den richtigen Weg farbig.

Ein Ball rollt auf die Straße

Luise und Moritz hocken auf dem Gehweg und streicheln Pipo, einen großen Mischlingshund, am Kopf. Das Fell ist nicht so weich wie es aussieht, fast ein wenig struppig. Pipo gehört Moritz' Tante Edith. Während Tante Edith beim Friseur ist, darf Moritz mit Pipo spielen.

„Sitz!", sagt Moritz. Er ist stolz, dass der Hund ihm gehorcht. Gleich werden sie Pipo zu Tante Edith bringen. Luise nimmt die Leine in die Hand und sie gehen los. Pipo läuft neben ihnen her und wedelt mit dem Schwanz.

Neben ihrem Haus befindet sich ein Garagentor. Davor spielt der kleine Theo aus dem Nachbarhaus mit seinem neuen, gelben Ball. Er kickt ihn mit dem rechten Fuß vor sich her. Als er Moritz, Luise und Pipo sieht, schießt er den Ball mit voller Wucht gegen das Tor. „Päng!"

Der Ball prallt ab, rollt über den Bürgersteig und kullert über den Radweg auf die Straße. Ohne dass die Kinder es verhindern können, rast Pipo plötzlich hinterher. Er läuft direkt auf die Straße vor ein fahrendes Auto und schnappt sich den Ball.

Moritz schreit: „Nein!" Luise hält sich die Augen zu. Mit quietschenden Reifen kommt das Auto zum Stehen. Der Autofahrer schaut erschrocken auf die Straße. Als er sieht, dass Pipo nichts passiert ist, ruft er durch das geöffnete Fenster: „Das war knapp! Das hätte auch schief gehen können! Kennt ihr nicht den Spruch: An der Bordsteinkante erst mal HALT, weil es sonst gleich KNALLT!? Das gilt auch für Hunde!"

Moritz denkt, dass er diesen Satz Pipo unbedingt beibringen muss. Pipo trottet mit hängendem Schwanz zurück zu den Kindern. Moritz und Luise umarmen Pipo erleichtert.

Alle sind natürlich sehr froh, dass Pipo unverletzt ist, auch wenn Theo traurig ist, dass Pipo seinen neuen Ball zerbissen hat.

Sicher über den Zebrastreifen

Moritz nimmt Pipo nun an die kurze Leine. Luise zeigt auf den Zebrastreifen, der noch ein Stück entfernt ist. „Dort gehen wir rüber." „Das ist doch aber ein Umweg", sagt Moritz. „Wollen wir es nicht lieber hier versuchen?"

„Nein", antwortet Luise. „Es ist sicherer, am Zebrastreifen über die Straße zu gehen." Luise, Moritz und Pipo stehen nun am Zebrastreifen. Die Kinder schauen nach links und rechts und noch einmal nach links, ob Autos kommen und ob die Fahrer auf beiden Seiten auch wirklich anhalten. Ein blaues Auto nähert sich von links und ein rotes von rechts, beide stoppen. Luise und der Fahrer des blauen Wagens schauen sich an. Sicherheitshalber streckt Luise ihren Arm gerade nach vorne aus. Moritz kichert und fragt: „Warum machst du denn das?"

„Damit der Fahrer weiß, dass wir jetzt über den Zebrastreifen gehen wollen", sagt Luise. Sie gehen jetzt los. Als sie an dem blauen Auto vorbei sind, hält Luise Moritz und Pipo fest. Sie sagt: „Wir müssen gucken, ob niemand das blaue Auto überholt und ob das Auto von der anderen Seite nicht weiterfährt." „Der Fahrer rechts ist doch nicht blind, der sieht uns doch", findet Moritz und grinst. „Könnte doch aber sein, dass er abgelenkt ist", sagt Luise streng.

Moritz überlegt und nickt dann. Pipo bellt zustimmend. Ohne Zwischenfälle gehen sie weiter und erreichen sicher die andere Straßenseite.

Wie sähe das aus, wenn der Zebrastreifen ein Kuhstreifen, Giraffenstreifen oder Fischstreifen wäre?

Male erst die Früchte in den richtigen Farben aus und ordne sie dann der Ampel zu.

Finde die richtige Ampel.

Vorsicht auch bei grüner Ampel

„Da drüben auf der anderen Straßenseite wohnt Tante Edith", sagt Moritz und zeigt auf ein gelbes Haus mit einem kleinen Vorgarten. „Wir müssen dort an der Kreuzung über die Straße gehen."

Es dauert lange, bis die Kinder an der Ampelkreuzung ankommen. Pipo beschnüffelt jeden Strauch und jeden Baum. Ab und zu hebt er ein Bein. Endlich stehen sie an der Kreuzung.

„Pipo sitz! Es ist Rot!", befiehlt ihm Luise. Pipo gehorcht, dann legt er sich vor Luises Füße hin und schließt die Augen. Moritz drückt den Knopf an der Ampel. Beide Kinder warten, bis die Fußgängerampel das grüne Männchen zeigt. Dann sagen sie: „Aufstehen, Pipo!" Pipo gähnt und erhebt sich langsam. Luise tätschelt ihn noch ein wenig am Kopf, dann läuft sie mit dem Hund an der Leine vor Moritz her.

Aber was ist das? Ein Wagen biegt rechts ab und rollt bedrohlich nah auf den Fußgängerüberweg zu, obwohl doch die Fußgänger Grün haben. Der Autofahrer ist abgelenkt. Er telefoniert und schaut für einen Moment nicht auf die Straße.

„He, Sie!", ruft eine rothaarige dicke Frau, die mit den Kindern an der Ampel stand, und fuchtelt mit ihrer Handtasche. „Sie müssen doch anhalten! Die Fußgänger haben Grün."

Das Auto stoppt sofort. Der Fahrer entschuldigt sich. Nun können die Kinder, Pipo und die rothaarige Frau weitergehen. Der kleine Zwischenfall hat so lange gedauert, dass die Ampel mittlerweile wieder auf Rot umgesprungen ist. Die Frau sagt zu den Kindern: „Wir gehen trotzdem weiter, man darf nicht stehen bleiben, schließlich sind wir ja bei Grün losgegangen."

Auf der anderen Straßenseite kommt ihnen Tante Edith entgegen, mit neuer Frisur. Als Dank fürs Hundesitten lädt Tante Edith Moritz und Luise zum Eisessen ein. Während sie genüsslich ihr Eis löffeln, erzählen die Kinder von der brenzligen Situation mit dem Ball auf der Straße.

Welche Ampelmännchen sind die richtigen?

 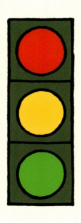   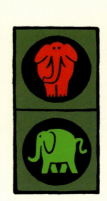 

Keine Ampel in Sicht

Am Nachmittag wollen Moritz und Luise mit ein paar Kindern im Park spielen. Leider liegt der Park auf der anderen Straßenseite und die nächste Ampel ist sehr weit weg.

„Wir können doch einfach hier rüber gehen", sagt Moritz und zeigt auf eine Lücke zwischen den parkenden Autos. Luise zögert, sie weiß schließlich, dass es hier gefährlich ist, die Straße zu überqueren, aber dann erinnert sie sich an etwas.

„Okay", sagt Luise, „ich kenne von Mama den Hallo-Auto-Trick." Von diesem Trick hat Moritz zwar noch nie etwas gehört, aber er ist einverstanden, ihn kennen zu lernen.

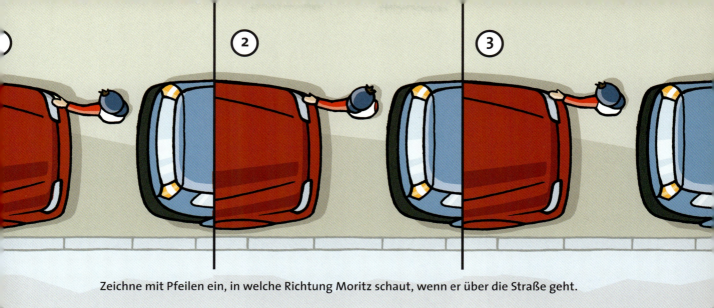

Zeichne mit Pfeilen ein, in welche Richtung Moritz schaut, wenn er über die Straße geht.

Luise erklärt: „Du gehst zwischen den Autos ein wenig vor. Dann legst du deine Hand entweder an das Rücklicht oder den Scheinwerfer und sagst: Hallo Auto. Du lässt die Hand am Auto, so gehst du nicht zu weit vor. Wenn du jetzt den Kopf vorstreckst und nach links und nach rechts und dann noch einmal nach links schaust, kannst du die ganz Straße sehen. Wenn die Straße wirklich frei ist, darfst du loslassen und sagst: Tschüss Auto."

Moritz ist begeistert. Er stellt sich neben ein rotes Auto, streichelt es ein wenig, bevor er seine Hand auf den Scheinwerfer legt und murmelt: „Hallo Flitzer, wie geht's?"

Luise grinst und sagt zu einem hellblauen Wagen: „Hallo Auto ..."

So kommen Luise und Moritz mit dem Hallo-Auto-Trick sicher über die Straße und können dann mit den anderen Kindern im Park spielen.

Nicht so schnell!

Seit einer halben Stunde warten Moritz und Luise schon auf ihren Freund Jan. „Wir können ihm ja entgegengehen", schlägt Moritz vor. Und genau das tun sie auch. Sie spazieren auf dem Gehweg und halten Ausschau nach Jan. Weit und breit keine Spur von ihm.

„Guck mal", sagt Luise und stößt Moritz in die Seite. „Guck mal, da ist doch Ben, Jans älterer Bruder." Ben steht auf der anderen Straßenseite und ruft etwas. Die Kinder können ihn aber nicht verstehen. In diesem Moment rumpeln schwere Lastwagen über die Straße. Ben stellt sich an die Bordsteinkante und schaut nur kurz nach rechts und links. Dann rennt er los und erreicht unversehrt die andere Straßenseite. Ein Lastwagenfahrer hupt, aber Ben grinst bloß.

Welche Fahrzeuge sind schnell und welche langsam?
Nenne die schnellen.

Als er bei den beiden angelangt ist, behauptet er: „Ich hab euch nur gezeigt, wie man es nicht macht! Die Fahrbahn sollte natürlich ganz frei sein , ehe ihr rüber geht. Ihr solltet erst nach links, dann nach rechts und vorsichtshalber noch einmal nach links schauen, ehe ihr losgeht!"

Luise und Moritz nicken und denken, was für ein blöder Angeber Ben doch ist. Sie können nicht verstehen, warum Ben es nicht so gemacht hat, wie er es ihnen jetzt erzählt.

Ben sagt ihnen noch, dass Jan erkältet ist und heute zu Hause geblieben ist. Dann muss Ben wieder weiter. Er hat es eben immer eilig. Zum Glück bleibt er jetzt wenigstens auf dem Gehweg.

Das gefährliche Versteck

Am frühen Abend spielen Luise, Moritz und noch ein paar andere Kinder aus ihrer Straße auf dem Gehweg zwischen zwei Häusern Verstecken. Es gibt dort unzählige Möglichkeiten hinter Müllcontainern, Bäumen oder in Hauseingängen. Moritz will sich besonders gut verstecken. Luise zählt mit geschlossenen Augen bis zehn, während Moritz schnell zu einer Garageneinfahrt rennt. Er kauert sich neben einem riesengroßen Blumenkübel nieder. Die weiß blühende Pflanze verdeckt ihn gut. Er freut sich. Hier kann man ihn bestimmt nicht sehen. Moritz denkt nicht daran, dass direkt hinter ihm eine Garage ist.

Luise beginnt zu suchen, sie läuft den Gehweg auf und ab und sieht Moritz' Schuh hervorluken. Sie ruft: „Moritz, ich hab dich gefunden!" In diesem Moment öffnet sich das Garagentor und ein Auto fährt rückwärts aus der Garage auf Moritz zu. Moritz springt auf. Luise ruft: „Vorsicht!" Die Autofahrerin hält an und kurbelt die Fensterscheibe hinunter. Sie seufzt erleichtert: „Ich hätte dich fast überfahren! Ich konnte dich doch vom Auto aus gar nicht sehen. Zum Glück ist das noch einmal gut gegangen. Eine Einfahrt ist aber auch kein Spielplatz!" Als sie wegfährt, sind auch Luise und Moritz froh, dass nichts Schlimmes passiert ist.

Sie spielen dann noch mit den anderen Kindern zwischen dem Haus und den Bäumen weiter, bis es Zeit ist nach Hause zu gehen.

Das sieht ein Autofahrer, wenn er hinten aus dem Fenster schaut. Moritz ist fast nicht zu erkennen. Das ist gefährlich!

Was bedeuten diese Schilder?

Einige davon sind auch in diesem Buch abgebildet. Kannst du sie finden?

Stoppschild
Hier müssen alle Fahrzeuge unbedingt anhalten. Erst wenn die Straße frei ist, dürfen sie fahren.

Fußgängerweg
Hier darf kein Fahrzeug fahren. Du kannst hier laufen oder zum Beispiel Roller oder Skateboard fahren. Dabei musst du auf die Fußgänger aufpassen, denn sie haben hier Vorrecht.

Radweg
Der Radweg ist nur für Radfahrer bestimmt. Er ist nicht für Autos, Fußgänger oder Rollschuhfahrer gedacht. Achte aber trotzdem auf sie.

Vorfahrtsstraße
Dieses Zeichen bedeutet, dass Autos und Radfahrer an der Kreuzung oder Einmündung Vorfahrt haben.

Fußgänger verboten
Hier dürfen keine Fußgänger gehen. Das Schild steht zum Beispiel an Autobahnen, Tunneln und Brücken ohne Fußgängerweg.

Vorfahrt gewähren
Bei diesem Schild müssen alle Verkehrsteilnehmer aufpassen, denn die Fahrzeuge auf der Querstraße haben Vorfahrt.

Einbahnstraße
Alle Fahrzeuge dürfen nur in eine Richtung fahren. Der Pfeil zeigt die Richtung an. Parken ist rechts und links am Straßenrand erlaubt.

Achtung Baustelle
Auf oder an dieser Straße ist eine Baustelle. Sei hier besonders aufmerksam und achte darauf, dass du die Baustelle ohne Gefahr umgehst.

Haltestelle
Hier hält der Linienbus oder die Straßenbahn. Beim Einsteigen und Aussteigen musst du vorsichtig sein.

Radfahrer verboten
Auf diesem Weg darf kein Radfahrer fahren. Das Zeichen steht auch auf stark befahrenen Straßen, denn dort ist es für Radfahrer zu gefährlich.

Zebrastreifen
Zebrastreifen werden auch Fußgängerüberwege genannt. Direkt davor steht dieses Zeichen. Autofahrer müssen anhalten, wenn Fußgänger hier die Straße überqueren wollen.

Spielstraße/Verkehrsberuhigter Bereich
Hier kannst du mit deinen Freunden auf der Straße laufen und spielen. Autos und Radfahrer müssen ganz langsam fahren. Jeder muss auf den anderen Rücksicht nehmen.

Vorsicht Ufer
Wer hier nicht aufpasst, fällt ins Wasser.

Radweg/Fußweg
Diesen Weg dürfen Fußgänger und Radfahrer gemeinsam benutzen.

Ein Verkehrspolizist gibt Zeichen

Es ist Sonntagvormittag. Moritz und Luise können es kaum noch erwarten. Sie gehen heute mit Moritz' Eltern zum Straßenfest in der Nähe des Parks. Sie müssen nur noch die Kreuzung überqueren, dann sind sie da. Am Himmel sieht man schon die bunten Luftballons. Sie stehen an der großen Straße und müssen erst einmal warten.

„Die Ampel geht nicht", ruft Moritz erstaunt. Handwerker sind gerade dabei, die Ampel zu reparieren. Trotzdem gerät der Verkehr nicht ins Stocken. Ein Verkehrspolizist mit einer Sicherheitsweste regelt den Verkehr und gibt den Autofahrern mit seinen Armen Zeichen. Luise und Moritz sind fasziniert. So etwas haben sie noch nie gesehen.

Der Mann hebt seinen Arm.

Das bedeutet Achtung. Die Autos gehorchen und halten sofort an. Nun kehrt der Verkehrs-polizist den Autos den Rücken zu, breitet seine beiden Arme aus und winkt mit der rechten Hand den Fußgängern zu.

„Jetzt dürfen wir rübergehen", sagt Moritz' Mutter und sie gehen los. Luise sagt: „Ich würde auch gerne mal in einer Uniform den Autofahren und Fußgängern Anweisungen geben." Moritz lacht und sagt: „Bei mir dürften die Fußgänger sich ganz viel Zeit lassen." Mittlerweile haben sie das Straßenfest erreicht. „Immer rein ins Vergnügen", sagt ein freund-licher Losverkäufer, der direkt am Anfang des Festes seinen Stand hat.

Verkehrspolizist regelt den Verkehr, wenn eine Ampel ausgefallen ist.

Übrigens, seit 2005 wird schrittweise die Uniform der Polizei von Grün auf Blau umgestellt.

ses Zeichen bedeutet **Halt**.
ofahrer und Fußgänger müssen
nen bleiben.

Achtung! Wenn der Verkehrspolizist den Arm hebt, müssen alle Verkehrsteilnehmer anhalten.

Jetzt heißt es **Freie Fahrt**. Autofahrer und Fußgänger dürfen die Straße überqueren.

Verlaufen!

Für das Straßenfest hat man eine ganze Straße für die Autos gesperrt. So haben die Buden, das kleine Karussell und das Zelt mit den Ponys genügend Platz. Moritz' Mutter kauft den beiden Kindern Zuckerwatte, dann schlendern sie gemütlich über die Straße, die heute den Fußgängern gehört. Sie fahren Karussell, essen, unterhalten sich und lachen.

Da entdeckt Luise ein kleines, weinendes Mädchen. „Warum weinst du denn?", fragt Luise. „Ich habe mich verlaufen", antwortet das Mädchen. „Ich weiß nicht, wo meine Mama ist."

Moritz' Eltern kommen herbei. Sie fragen das Mädchen nach seinem Namen. „Lilly", sagt sie. An ihren Nachnamen, ihre Adresse oder ihre Telefonnummer kann sie sich in diesem Moment nicht erinnern. Sie ist zu aufgeregt dafür.

Moritz' Vater bittet den Losverkäufer um Hilfe. Der ruft schließlich durch sein Mikrofon: „Die kleine Lilly sucht ihre Mama! Sie wartet bei der Lotterie!" Moritz, seine Eltern und Luise warten natürlich auch. Nur wenig später taucht Lillys Mutter auf und umarmt überglücklich ihre wiedergefundene Lilly.

Moritz' Mutter sagt: „Das kann euch auch passieren, deshalb ist es wichtig, dass Ihr euren Namen vollständig kennt und eure Telefonnummern auswendig lernt. Es ist ja nicht immer ein Losverkäufer in der Nähe." Auf dem Nachhauseweg üben Moritz und Luise ihre Telefonnummern und können sie bald schon so gut, dass sie die Zahlen wie ein Lied singen.

Wenn du dich verlaufen hast, solltest du genau wissen, was zu tun ist. Du könntest andere Menschen um Hilfe bitten, zum Beispiel Polizisten, Busfahrer, Taxifahrer oder andere Eltern.
Damit sie dir besser helfen können, solltest du immer einen Zettel bei dir tragen, auf der deine Adresse und deine Telefonnummer eingetragen sind.

NAME

ANSCHRIFT

TELEFONNUMMER ZUHAUSE

SONSTIGE TELEFONNUMMERN

Viel erlebt und viel gelernt

Auf dem Rückweg vom Straßenfest funktioniert die Ampel
wieder. Luise und Moritz entdecken einige Verkehrsteilnehmer, die sich
nicht richtig verhalten. Sie zählen alle Fehler auf, die sie finden können.
„Was für umsichtige Kinder ihr doch seid", sagt Moritz' Vater stolz. „Ja, ihr habt in der letzten
Zeit viel gelernt", lobt Moritz' Mutter die beiden. „Wir haben dieses Wochenende auch ganz
schön viel erlebt!", ruft Luise. „Es war einfach toll!", sagt Moritz. Lächelnd gehen sie nach Hause.
Sie freuen sich schon auf das nächste aufregende Wochenende.
Und jetzt bist du dran! Entdeckst auch du die Fehler der Verkehrsteilnehmer?

Schnellstart in die Woche

Moritz ist glücklich, dass heute Montag ist: Nicht nur, weil er seine Freunde im Kindergarten trifft. Er kann sogar zur gleichen Zeit morgens mit Luise losgehen. Die Bushaltestelle des Schulbusses liegt nämlich auf seinem Weg zum Kindergarten. Der Weg ist leicht und führt nur durch das Wohngebiet.

Als Moritz vor das Haus geht, wartet Luise bereits und lächelt ihn an: „Hallo Moritz! Prima, du bist pünktlich, da können wir in Ruhe zum Bus gehen." Moritz antwortet hektisch: „Warte noch, ich will mit dem Fahrrad zum Kindergarten!" – „Na, lass das mal lieber noch ein wenig schlafen. Die paar Schritte schaffst du zu Fuß. Aber wie wäre es, wenn wir heute Nachmittag einen Ausflug machen, zum großen Platz im Park?" Moritz findet den Vorschlag gut.

An der Bushaltestelle warten bereits einige Kinder, als Moritz und Luise eintreffen.

„Moritz", ruft Luise, „stell dich nicht so nah an den Bordstein!" „Wieso?", fragt Moritz,
„Auf dem Gehweg bin ich doch sicher!" Luise erklärt: „Wenn der Bus kommt, dann fährt er sehr
nah an die Haltestelle, damit wir gut einsteigen können. Schau dir das mal an, da kommt schon
der Bus!" Dass der Bus sich nähert, merken nicht alle. Einige scheinen sogar schon vergessen
zu haben, was sie beim Schulausflug gelernt haben: Die Bushaltestelle ist kein Spielplatz.
Meike aus der Nachbarklasse ruft laut: „Der Bus kommt!" Das lässt sie aufhorchen und sie
erinnern sich daran, dass man aufmerksam an der Bushaltestelle warten soll, um dann ohne
Drängeln einzusteigen.
Währenddessen beobachtet Moritz den Bus ganz genau. Nachdem er den Blinker gesetzt hat,
wird er langsamer und biegt in die Haltebucht ein. Dabei sieht Moritz deutlich, wie er ein Stück
über den Bordstein ragt, bevor er ganz nah an der Haltestelle zum Stehen kommt. Gut, dass
keiner dort stand – denn mit einem Bus legt man sich besser nicht an.
Moritz winkt Luise zum Abschied zu und schlendert die letzten Meter zum Kindergarten.

Was funkelt denn da?

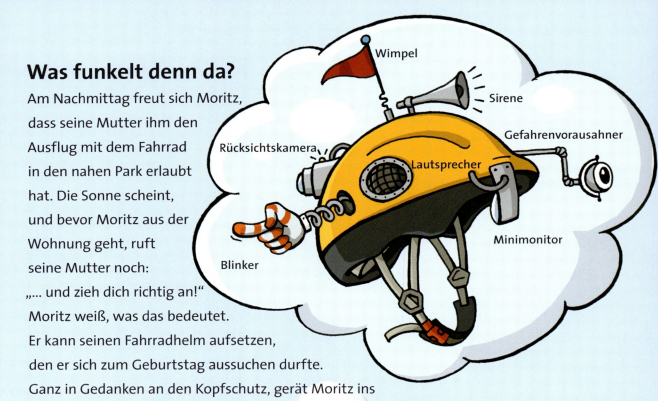

Wimpel
Sirene
Gefahrenvorausahner
Rücksichtskamera
Lautsprecher
Minimonitor
Blinker

Am Nachmittag freut sich Moritz, dass seine Mutter ihm den Ausflug mit dem Fahrrad in den nahen Park erlaubt hat. Die Sonne scheint, und bevor Moritz aus der Wohnung geht, ruft seine Mutter noch: „... und zieh dich richtig an!"

Moritz weiß, was das bedeutet.

Er kann seinen Fahrradhelm aufsetzen, den er sich zum Geburtstag aussuchen durfte.

Ganz in Gedanken an den Kopfschutz, gerät Moritz ins Träumen und stellt sich einen Helm vor, der noch mehr Sicherheit bietet.

Moritz muss schmunzeln und sagt zu sich selbst: „Wenn ich groß bin, werde ich Erfinder!"

Er schnappt sich seinen Helm und holt sein Fahrrad aus der Garage. Danach sieht er, dass die Garage von Luises Eltern ein Stück weit aufsteht. Er schleicht sich heran. In der Garage brennt kein Licht. Aber der Schein einer Taschenlampe ist zu sehen und Moritz erkennt Luise. Sie sucht etwas. Leise lehnt Moritz sein Fahrrad an die Wand – aber das war wohl schon zu laut. Luise fährt herum und strahlt ihn mit der Taschenlampe an: „Moritz, wolltest du mich etwa erschrecken?" – „Ich? Nöööö ..." Und während er betroffen zu Boden schaut, sieht er, wie allerlei an seinem Fahrrad funkelt. „Guck mal Luise, mein Rad glitzert!" Daraufhin schieben sie das Fahrrad in den dunkelsten Teil der Garage und untersuchen es mit der Taschenlampe.

Hast Du noch Ideen, welche Helferlein ein Helm in der Zukunft haben könnte?

Zu tief!

Zu hoch!

Richtig!

„Gut zu wissen", meint Moritz, „dass ich auch in der Dunkelheit zu sehen bin! Und ich dachte schon, ich müsste ...!" Und dann erzählt Moritz Luise von seiner Erfindung. Beide lachen bei der Vorstellung, wie der Supersicherheitshelm auf ihren Köpfen aussähe und Luise meint: „Komm los, ich habe meine Handgelenkschützer gefunden!"

Bevor man sich mit Fahrrad, Rollschuhen oder Inline Skates, Kickboard oder Skateboard auf den Weg macht, sollte man an die Sicherheit denken.

Helm

Ellenbogen-
schützer

Handgelenk-
schützer

Knieschützer

Hinterradbremse

roter Rückstrahler

rotes Rücklicht

Klingel

Vorderradbremse

Vorderradlampe

weißer Rückstrahler

Dynamo

zwei gelbe
Speichenrückstrahler

in den Pedalen
gelbe Rückstrahler

zwei gelbe
Speichenrückstrahler

Funktioniert alles? Ist alles richtig eingestellt? Na dann kann es ja losgehen ...

Was alles den Bremsweg beeinflusst:

Geschwindigkeit

Je schneller du unterwegs bist, desto länger brauchst du zum Anhalten. Klaro, eine Schnecke kommt schneller zum Stehen als ein Rennauto.

Fahrbahnzustand

Bei nasser Fahrbahn, Rollsplit oder Eisglätte kann sich der Bremsweg wesentlich verlängern. Natürlich müssen Reifen gutes Profil besitzen und Bremsen stets richtig eingestellt sein, sonst nützt die beste Reaktion nichts!

Ein Ausflug auf Rollen und Rädern

Auf dem Weg durch den Park tritt Moritz kräftig in die Pedale. Luise fährt bereits sehr gut Inline-Skates und kann ihm dicht folgen. Plötzlich huscht ein Eichhörnchen über den Weg. Nach einer Schrecksekunde bremst Moritz. Luise kann leider nicht so schnell reagieren und rempelt Moritz beim Bremsen an. „Tut mir leid, Moritz, ich habe überhaupt nicht damit gerechnet, dass du bremst!" – „Hast du nicht das Eichhörnchen gesehen?", fragt Moritz. Luise schüttelt den Kopf. „Eigentlich kann ich ja bremsen. Wenn ich mehr Abstand gehalten hätte, dann wäre ich rechtzeitig zum Stehen gekommen!", meint Luise. Moritz kann sich ein Grinsen nicht verkneifen: „Ich glaube, das üben wir besser noch ein-mal! Übrigens sollten wir das im Winter erneut machen, dann ist es rutschiger!" – „Kein Problem", entgegnet Luise, „da werde ich dann keine Inliner sondern Schlittschuhe anziehen!" Gut gelaunt genießen sie die Zeit im Park und fahren vor Sonnenuntergang wieder nach Hause.

Reaktion

Die Reaktionszeit ist die Zeit vom Erkennen der Situation bis zum Reagieren.

Du hältst deinen Daumen und Zeigefinger einen Zentimeter auseinander und eine Person hält ein Lineal senkrecht dazwischen.
Dann lässt die Person es los und du greifst so schnell es geht zu. Dabei vergeht Zeit und das Lineal gleitet zwischen deinen Fingern durch: 14 cm sind top!

Das Schlangenstraßenwürfelspiel

Erinnerst du dich noch, was du mit Moritz und Luise in diesem Buch gelernt hast? Hier kannst du ein paar Situationen noch einmal erleben. Du brauchst mindestens einen Mitspieler, einen Würfel, Spielfiguren und ein wenig Glück, dann bist du der Erste im Ziel.

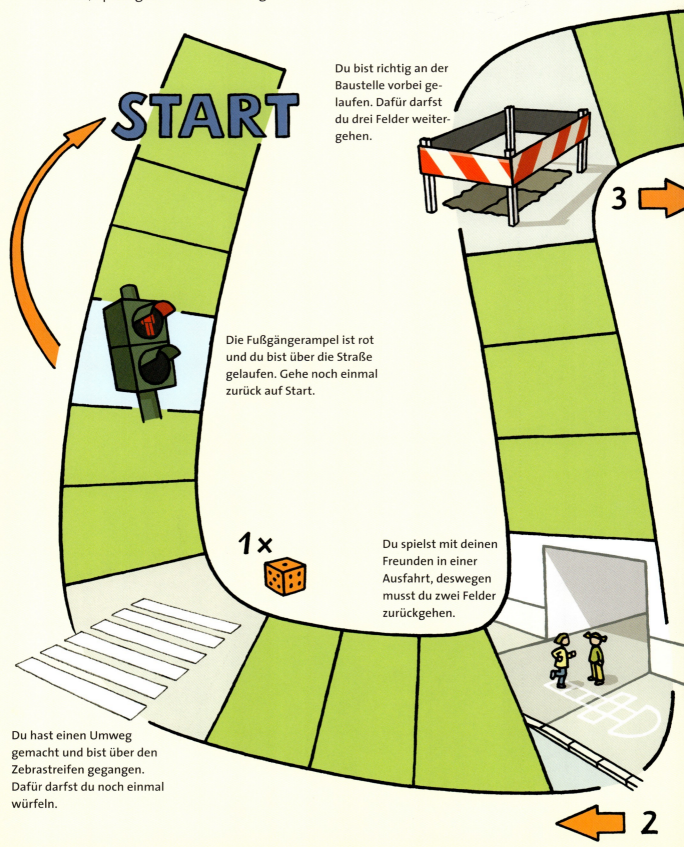

START

Du bist richtig an der Baustelle vorbei gelaufen. Dafür darfst du drei Felder weitergehen.

3

Die Fußgängerampel ist rot und du bist über die Straße gelaufen. Gehe noch einmal zurück auf Start.

1 x

Du spielst mit deinen Freunden in einer Ausfahrt, deswegen musst du zwei Felder zurückgehen.

Du hast einen Umweg gemacht und bist über den Zebrastreifen gegangen. Dafür darfst du noch einmal würfeln.

2

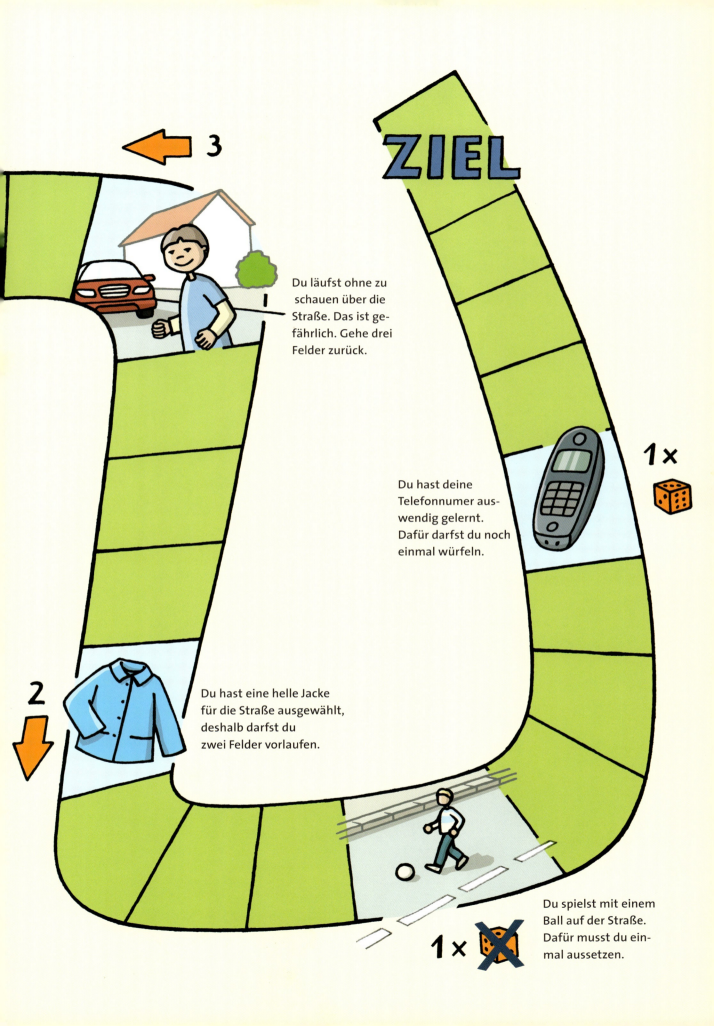

3

ZIEL

Du läufst ohne zu schauen über die Straße. Das ist gefährlich. Gehe drei Felder zurück.

Du hast deine Telefonnumer auswendig gelernt. Dafür darfst du noch einmal würfeln.

1×

2

Du hast eine helle Jacke für die Straße ausgewählt, deshalb darfst du zwei Felder vorlaufen.

Du spielst mit einem Ball auf der Straße. Dafür musst du einmal aussetzen.

1×

Liebe Eltern,

dieses Buch will dazu beitragen, dass sich Ihr Kind auf der Straße sicher bewegt. Doch ein wichtiger, ganz entscheidender Teil der Verkehrserziehung liegt bei Ihnen selbst.

Ihr Kind achtet zunächst darauf, wie Sie sich im Verkehr verhalten. Seien Sie einfach ein gutes Vorbild. Auch wenn Sie es eilig haben – nehmen Sie sich die Zeit und überqueren Sie die Straße so umsichtig, wie Sie es auch von Ihrem Kind erwarten. Wenn Sie sich im Verkehr verantwortungsbewusst verhalten, wird Ihr Kind gerne von und mit Ihnen lernen.

Wichtig ist es zu verinnerlichen, wie Kinder ihre Umwelt wahrnehmen. Gerade im Vorschulalter können kleine Kinder ihre Aufmerksamkeit zwar stark auf eine Sache richten, genauso leicht lassen sie sich aber auch im nächsten Moment ablenken. Dieses zum Teil impulsive Verhalten macht vor keiner Bordsteinkante Halt.

Hinzu kommt, dass das Orten von Geräuschen, Einschätzen von Geschwindigkeiten (und den damit verbundenen Bremswegen) oder das Einnehmen der Perspektive eines anderen Verkehrsteilnehmers sich bei kleinen Kindern erst mit der Zeit entwickelt.

Üben Sie daher mit Ihrem Kind geduldig typische Situationen im Verkehr. Suchen Sie zum Beispiel gemeinsam – und mit den entsprechenden Erklärungen – nach dem sichersten Weg, um eine Straße zu überqueren (die nächste Ampel oder einen Zebrastreifen). Erkundigen Sie sich auch über den Schulwegplan, der in vielen Grundschulen angeboten wird und in dem die sichersten Wege zur Schule empfohlen werden.

Wichtig ist, Ihr Kind nicht einzuschüchtern. Vielmehr gilt es, ein Gebiet zu bestimmen, das zusammen erkundet wird, und in dem es sicher ist, die Gefahren zu bewältigen. Das können sowohl der Weg zum Kindergarten oder zur Schule als auch die Wege zu den Freizeitmöglichkeiten rund um das Wohnhaus sein.

Machen Sie mit Ihrem Kind das „Verkehrszeichenspiel". Es gewinnt derjenige, der die meisten Verkehrszeichen entdeckt und ihre Bedeutung erkennt. Dieses Spiel eignet sich auch für die Autofahrt.

Tauschen Sie die Rollen und lassen Sie sich von Ihrem Kind durch den Verkehr führen. So erkennen Sie schnell, in welchen Situationen Ihr Kind noch nicht so routiniert ist. Und Sie erleben natürlich auch, was Ihr Kind schon beherrscht.

Sprechen Sie mit Ihrem Kind unterwegs über den Straßenverkehr. Anlässe gibt es genug – zum Beispiel wenn Ihr Kind falsches Verhalten anderer Verkehrsteilnehmer bemerkt oder wenn Sie eine brenzlige Situation erleben. Fragen Sie Ihr Kind nach seinen Beobachtungen – Sie werden erstaunt sein, wie viel es vom Verkehrsgeschehen aufnimmt und versteht.

Viele Hinweise zur Verkehrssicherheit finden Sie jetzt auch unter:
http://www.moritz-und-luise.de/eltern
Zum Beispiel finden Sie dort folgende Informationen und Dateien zum Herunterladen:
Regeln zum richtigen Verhalten im Straßenverkehr, Hinweise zu Sicherheitsausstattung, Links zu weiterführenden Informationen, Malvorlagen, und vieles mehr.

Viel Spaß beim gemeinsamen Lernen wünscht Ihnen

Ihr Team vom Timpass Verlag

Straßengeschichten mit Moritz und Luise

Alle Rechte vorbehalten

9. Auflage Mai 2011

Copyright © TIMPASS Buchverlag GmbH, Altenburg

Printed in Germany

Text: Nina Petrick, Nikolaus Gierszewski

Illustrationen: Ilka Bohnenkamp, Frank Wiemann, Katrin Lahr

Gestaltung: Jeanette Aubke, Katrin Lahr

Herausgeber: Nikolaus Gierszewski

Druck: peter ninas druck + grafik, Berlin

Bindung: Stein + Lehmann – Die Buchbinder, Berlin

ISBN 978-3000145360

Bibliographische Information der Deutschen Bibliothek:
Die Deutsche Bibliothek verzeichnet diese Publikation in der
Deutschen Nationalbibliographie; detaillierte bibliographische
Daten finden Sie im Internet unter http://dnb.ddb.de